NOTICE

SUR LA VÉNÉRABLE MÈRE

ANNE DE XAINCTONGE,

FONDATRICE DE LA COMPAGNIE DE SAINTE-URSULE

EN FRANCHE-COMTÉ,

PAR

M. L'ABBÉ J. MOREY,

CURÉ DE BAUDONCOURT.

BESANÇON,
IMPRIMERIE ET LITHOGRAPHIE DE J. JACQUIN,
Grande-Rue, 14, à la Vieille-Intendance.

1876.

NOTICE

SUR LA VÉNÉRABLE MÈRE

ANNE DE XAINCTONGE,

FONDATRICE DE LA COMPAGNIE DE SAINTE-URSULE EN FRANCHE-COMTÉ.

NOTICE

SUR LA VÉNÉRABLE MÈRE

ANNE DE XAINCTONGE,

FONDATRICE DE LA COMPAGNIE DE SAINTE-URSULE

EN FRANCHE-COMTÉ,

PAR

M. L'ABBÉ J. MOREY,

CURÉ DE BAUDONCOURT.

BESANÇON,

IMPRIMERIE ET LITHOGRAPHIE DE J. JACQUIN,

Grande-Rue, 14, à la Vieille-Intendance.

1876.

NOTICE

SUR LA

VÉNÉRABLE MÈRE ANNE DE XAINCTONGE,

FONDATRICE DE LA COMPAGNIE DE SAINTE-URSULE EN FRANCHE-COMTÉ.

Le mouvement religieux provoqué par la prétendue Réforme est sans contredit un des plus considérables qu'aient enregistrés les annales de l'Eglise. A côté des illustres personnages que le XVIe siècle peut opposer sans crainte aux docteurs de l'école de Luther et de Calvin, et qui s'appellent Ignace de Loyola, Louis de Grenade, Thérèse de Jésus, César Baronius, Philippe de Néri et François de Sales, on vit briller une foule de noms remarquables portés par des hommes d'élite et des femmes de cœur, qui cherchèrent à relever les ruines morales accumulées par cinquante années de luttes intestines et de guerres sanglantes. César de Bus, le cardinal de Bérulle, saint Vincent de Paul, M. Olier, Jean-Baptiste de la Salle, Mlle Legras, etc., reprirent, pour ainsi dire, l'œuvre par la base, et essayèrent de rétablir la société sur les solides fondements de l'éducation chrétienne et religieuse. Au mérite d'essayer ils ont joint la gloire de réussir, et notre Eglise de France doit à ces intrépides champions de la vérité la place d'honneur qu'elle tient encore aujourd'hui dans le monde catholique.

Chose étonnante et bien digne de remarque, certains de ces noms, entourés jadis du respect et de la vénération publics, sont aujourd'hui oubliés, presque inconnus, et en voyant le silence profond qui s'est fait autour d'eux, on se demande pourquoi ils furent autrefois si célèbres. Notre siècle, curieux de recherches historiques et avide de réhabilitations en tout genre, aura la gloire de répondre à ces questions et de mettre en lumière une foule de personnages anciens et méconnus qui ont également honoré la religion et la patrie.

Des travaux récents, exécutés avec un amour filial et une persévérance digne d'éloges, nous permettent d'apprécier mieux aujourd'hui un des personnages qui contribua puissamment, dans notre pays, à repousser les attaques de l'hérésie et à maintenir la foi dans les cœurs. La vénérable Mère Anne de Xainctonge, fondatrice des Ursulines du comté de Bourgogne, est certainement une des plus suaves figures sur laquelle les yeux puissent se reposer, une des plus grandes mémoires qu'un historien puisse prendre pour sujet de ses études. Voilà pourquoi six ou sept auteurs différents ont écrit sa vie (1), ses contemporains ont été unanimes à la louer. Des enquêtes solennelles ont été faites par ordre de nos archevêques pour introduire la cause de cette grande servante de Dieu et servir à sa béatification. Bientôt peut-être ces enquêtes seront reprises et terminées. C'est pour aider à faire connaître une cause qui intéresse à la fois tous les diocèses de Besançon, Saint-Claude, Dijon et Bâle, que nous donnerons un résumé rapide de cette vie si bien appréciée par nos aïeux, si digne de l'être par nous-mêmes.

Anne de Xainctonge appartenait à une noble famille de la Bourgogne ducale, et lorsqu'elle naquit, en 1567, son père occupait la place de conseiller au parlement de Dijon, sa ville d'origine. M. de Xainctonge était un de ces magistrats de vieille roche, toujours fidèle à Dieu et à César, presque aussi ferme dans ses convictions politiques que dans ses croyances religieuses. Cet homme respectable ne dédaigna point de veiller lui-même à l'éducation de sa fille. Ayant remarqué en elle d'heureuses dispositions, il se faisait un plaisir de les cultiver et d'inculquer à l'enfant des sentiments dignes de sa position et du rang qu'elle devait occuper dans la société si chrétienne d'alors.

(1) Voici l'indication de ces auteurs : 1° le P. Binet, 1 vol. in-4°; 2° le P. Orset, 1 vol. in-f°; 3° *Vies des premières Ursules de Dole*, par sœur Rouget, de 1606 à 1635, 1 vol. in-4° (ces trois ouvrages sont manuscrits); 4° *Vie d'Anne de Xainctonge*, dédiée à Mgr A.-P. de Grammont, par le P. E. Grosey, Avignon, 1691, 1 vol. in-8°; 5° *Id.*, par le P. B. Arnoulx, in-12, Lyon, 1755, réimprimée chez Périsse en 1837; 6° une grande Vie écrite en allemand, par le P. Conrad Pfeil, mort au Brésil, abrégée par le P. Jean Mourath, et imprimée en allemand à Zug, in-4°, 1681. Celle-ci est la plus complète et la plus intéressante, appuyée sur les enquêtes et procès-verbaux officiels qui furent entre les mains des auteurs. C'est celle que nous suivons.

L'enfance d'Anne de Xainctonge ne fut marquée par aucun signe extraordinaire ou miraculeux. Ses premières années firent seulement pressentir les vertus héroïques dont elle devait plus tard donner l'exemple, et montrèrent en germe la mission qu'elle remplirait un jour. Élève docile et intelligente, elle apprenait sans peine ce qu'on lui enseignait, et son plaisir était de le communiquer aux autres. L'étude de la religion avait pour elle des attraits invincibles; elle aimait les catéchismes, retenait les instructions des prédicateurs, les rapportait à la maison, se faisait une joie de réunir quelques enfants de son âge pour les leur répéter, et les expliquait aux domestiques réunis pour la lecture du dimanche, avec une netteté et une précision dont ses parents furent plus d'une fois ravis. Elle avait alors sept à huit ans.

En 1576, le cardinal Cajetan, légat du pape, se rendant à Paris, s'arrêta quelques jours à Dijon, qui était du diocèse de Langres, et y donna la confirmation. Anne, s'étant fait instruire par son père de tout ce qui concerne ce sacrement, résolut de le recevoir, bien qu'elle n'eût point encore fait sa première communion. Afin de témoigner au Saint-Esprit son profond respect, elle observa un jeûne rigoureux et se présenta trois jours de suite pour recevoir l'onction sainte. La foule était si grande et les confirmands si nombreux, que jamais elle ne put venir à bout d'atteindre le chœur de l'église, même en restant jusqu'au soir. Le troisième jour elle revint tellement triste de n'avoir pas réussi, que son père prit la résolution d'aller lui-même trouver le cardinal, qui le reçut avec bonté. Admirant la foi et l'énergie de cette enfant de neuf ans, il voulut la dédommager en lui donnant la confirmation le lendemain, avant son départ, et il dit aux parents après la cérémonie : « Dieu fera de grandes choses par cette petite; il s'en servira pour » affermir la foi et accroître la piété. Continuez donc à seconder » les desseins qu'il a sur elle. » M. et Mme de Xainctonge se souvinrent de cette recommandation, et plus d'une fois elle les aida à faire les sacrifices que la vocation de leur fille exigeait d'eux.

L'amour de la perfection sembla prendre un nouvel essor dans la jeune confirmée. Elle aimait la solitude et l'oraison, récitant lentement et avec réflexion les prières vocales les plus ordinaires. Elle s'imposait de nombreuses privations et même des jeûnes rigoureux, à l'insu de ses parents. Un jour qu'ils la surprirent en flagrant délit de pénitence, ils lui demandèrent pourquoi, étant si petite, elle jeûnait déjà : « J'ai remarqué, dit-elle, dans les Vies

» des saints qu'on lit par vos ordres les jours de fête, que le
» jeûne est un des plus sûrs moyens de tuer en nous la racine
» du péché. Est-il donc trop tôt de travailler à la détruire? »

Sa sœur lui ayant demandé si elle avait permission de son directeur pour faire ces mortifications : « Ne peut-on donc travailler » à gagner le paradis sans la permission de son directeur? » répliqua-t-elle aussitôt. Elle comprit cependant bien vite que le sacrifice de la volonté l'emporte de beaucoup sur celui du corps. Dès ce moment, elle ne fit rien sans consulter, et ses directeurs sont unanimes à constater sa soumission et parfaite obéissance.

Il semble qu'une âme aussi bien disposée eût dû être admise de bonne heure à la première communion; mais cette pieuse enfant, victime des travers d'un siècle où l'on recevait le sacrement de mariage presque aussitôt que l'Eucharistie, soupirait en vain après le moment où elle serait admise à la sainte table. Vous êtes trop jeune! lui disait-on toujours. « Quelle mauvaise raison! répondait-
» elle. Est-ce que Notre Seigneur n'a pas dit : « *Laissez venir à moi*
» *les petits enfants?* »

Une maladie cruelle, et qui faillit l'emporter, vint montrer quels trésors de patience et de résignation il y avait dans cette jeune âme. « Je désire souffrir, disait-elle à sa mère, ou plutôt je ne
» veux qu'une chose, faire toujours la sainte volonté de Dieu. »
Croyant que la douleur lui arrachait des larmes, Mme de Xainctonge voulait la consoler. « Vous vous trompez, dit l'enfant, je
» pleure parce que je ne puis assister à la messe. Si je pouvais
» l'entendre, je serais consolée et ne pleurerais plus. » Le curé de la paroisse, se rendant à ce désir, vint célébrer à l'hôtel de Xainctonge, et la malade fut non-seulement consolée, mais guérie d'une manière extraordinaire, qui réjouit toute la famille et augmenta la dévotion d'Anne; on l'admit enfin à la table sainte.

A peine eut-elle goûté le vin qui fait germer les vierges, que les exigences du monde se firent sentir. Ses parents la conduisirent dans les réunions et sociétés où la culture de son esprit et les agréments de sa personne lui permettaient d'espérer de brillants succès. Pour obéir et pour plaire à ses parents, Anne fut obligée de donner quelques soins à sa toilette, d'employer son temps aux visites et devoirs de bienséance en honneur dans la bonne ville de Dijon, où l'on se piquait d'être fort poli et bien élevé. Elle se prêta de si bonne grâce à la volonté de sa famille, que son père jugea le moment venu de lui faire épouser un jeune seigneur qui aspirait à sa main. La méprise de M. de Xainctonge était grande, il le comprit en entendant sa fille répondre avec fermeté et simplicité, aux premiers mots qu'il lui adressa sur ce projet : « Impossible, » mon père, ma résolution est prise depuis longtemps, je ne suis » pas appelée à l'état du mariage ; je croyais que ma conduite vous » l'avait fait comprendre. » On essaya en vain de combattre cette résolution, rien ne put l'ébranler.

Ayant remarqué à plusieurs reprises combien le peuple avait peine à saisir le sens des catéchismes et des prédications, elle résolut de faciliter cette tâche aux femmes et aux filles de sa paroisse, en donnant elle-même des explications plus simples, plus détaillées, et à la portée des intelligences les moins cultivées. Elle le faisait tous les dimanches et y réussit à merveille. Cet humble rôle de répétiteur contrastait avec la parure de la jeune institutrice, habillée comme les filles de grande maison. Son confesseur lui dit sans détour qu'elle ne pourrait pas travailler d'une manière sérieuse au salut des autres tant qu'elle porterait une parure aussi mondaine ; mais Anne croyait n'avoir rien d'excessif dans ses ajustements, ou du moins n'agir que par obéissance à sa digne mère. Aussi, entendant un jour un sermon fort vif contre le luxe et les vaines parures, elle ne pensait point que cette censure pût s'appliquer à sa personne, quand une femme du peuple, fendant la foule, vint lui dire au sortir de l'église : « Vous passez pour » habile, Mademoiselle, vous ne l'êtes guère si vous n'avez pas » compris que le prédicateur parlait pour vous. » Ce simple incident fut pour elle un trait de lumière ; elle comprit la vanité des ajustements mondains, et, promettant au divin Maître de n'avoir plus d'autre parure que la simplicité et la modestie, elle se jeta aux pieds de ses parents, les suppliant de la laisser suivre son attrait, et annoncer désormais par son costume qu'elle renonçait au monde. Ils y consentirent enfin, et, le dimanche suivant, Anne se rendit à l'église, vêtue d'une simple robe de laine, pour y faire le catéchisme, selon sa pieuse habitude.

Poussée par un ardent désir d'être utile à la jeunesse, elle se mit en rapport avec quelques maîtresses d'école de la ville, voulant apprendre d'elles à faire la classe. Non contente de les aider dans leurs fonctions, elle se mit à visiter les hôpitaux et à soigner les malades, comme le faisaient du reste les dames de toutes nos villes, à une époque où le service des hôpitaux n'était pas encore

*

complétement assuré par les congrégations religieuses, comme il l'est aujourd'hui.

Cette résolution fit grand bruit à Dijon, et la conduite de la jeune fille fut vivement critiquée dans la bonne société. On ne lui pardonnait pas surtout de faire la maîtresse d'école. Les plus charitables y virent les marques d'une dévotion outrée ; les autres y trouvèrent la preuve indiscutable d'un esprit original, entêté, voisin de la folie, et qu'il fallait plaindre autant que blâmer. Anne ne se laissa point émouvoir, même par les reproches de sa mère, et M. de Xainctonge eut cette fois assez d'équité pour ne point retirer à sa fille la permission qu'il lui avait donnée.

Elle persista ainsi pendant une année, et, au bout de ce temps, les censeurs voyant combien sa vertu était solide, sa piété douce et aimable, prirent le parti de se taire et même d'admirer une conduite si visiblement inspirée par le plus pur amour de Dieu et du prochain.

En l'année 1587, les jésuites, arrivés à Dijon depuis six ans, ouvrirent un collége non loin de la maison de M. de Xainctonge. Malgré les troubles de la Ligue, ce collége devint bientôt très florissant [1]. Anne, qui allait souvent à la messe dans la chapelle des révérends Pères, admirait le zèle et la piété des maîtres, et pouvait constater l'heureux effet de leurs leçons sur une jeunesse dissipée et turbulente. Pourquoi, se disait-elle, ne ferait-on point pour l'éducation des jeunes filles ce que ces Pères font pour les jeunes gens ? Elle pria longtemps et réfléchit beaucoup avant de communiquer à son confesseur cette idée qui la poursuivait sans cesse. Quand elle lui parla de son désir de se consacrer à une pareille œuvre, il la reçut assez mal, lui fit une foule d'objections et lui dit d'attendre.

Anne avait vingt ans. Elle attendit ; mais plus elle faisait d'efforts pour repousser l'idée d'un institut destiné à instruire les petites filles du peuple, plus aussi l'attrait devenait fort et le charme puissant. Tout en lui signifiant de ne pas compter sur elle, sa sœur aînée, qui était fort pieuse, approuva son dessein. Son père, à qui elle osa en parler, n'y semblait point trop opposé, quand les événement politiques vinrent compliquer la situation et renverser tous les projets.

---

[1] Suivant le P. Mourath, il comptait alors mille élèves, et n'était qu'à quelques pas de l'hôtel de Xainctonge.

La ville de Dijon était fort dévouée à la Ligue. Comme les ligueurs y avaient appelé les jésuites, les partisans de Henri IV eurent à cœur de les expulser. M. de Xainctonge crut soutenir la cause du roi en prenant parti contre l'institut et en débitant contre lui les calomnies à l'usage des hérétiques. Cette conduite peina vivement sa fille, mais ne changea en rien ses intentions. Elle garda le silence et supporta sans se plaindre les critiques de ceux qui la prétendaient engagée dans une mauvaise voie.

Un autre sujet de peine pour elle était l'idée persistante qui la poursuivait d'établir son institut, non point à Dijon, mais à Dole, ville éloignée d'une dizaine de lieues. Dole, alors capitale de la Franche-Comté, était la rivale de Dijon, capitale de la Bourgogne. Les deux villes étaient ennemies, et une frontière plus redoutable que la Saône les séparait l'une de l'autre. Le comté de Bourgogne relevait de la couronne d'Espagne ; les ligueurs en tiraient un appui moral très grand, et tout bon Français voyait dans cette ville, bien fortifiée par Charles-Quint, le boulevard des ennemis de sa patrie. M. de Xainctonge aurait consenti à voir sa fille s'établir à Dijon ; mais aller à Dole, chez les ennemis du roi, il ne le lui permettrait jamais !

Poursuivie par cette idée qui lui semblait une véritable inspiration de Dieu, Anne pria de longs mois, conjurant le Seigneur de l'éclairer, et pleurant devant le tabernacle en attendant le secours d'en haut. Elle eut un moment d'angoisses terribles ; il lui sembla qu'elle avait perdu toutes ses forces ; cependant, au milieu de sa profonde tristesse, elle crut entendre une voix lui dire que, malgré toutes les belles apparences, son entreprise échouerait dans sa patrie, et que Dieu ne la seconderait pas si elle n'allait point à Dole. Ceci se passait dans l'église Notre-Dame de Dijon. En ce moment, une jeune fille pauvre étant venue près d'Anne lui demander l'aumône, la remercia en lui serrant la main et ajoutant ces paroles : « Vous aurez de grandes persécutions à soutenir à Dole, » mais enfin l'œuvre de Dieu triomphera. » Anne sortit de l'église encouragée et fort joyeuse. Elle crut toute sa vie que cette mendiante merveilleuse qui connaissait les secrets de son âme n'était autre que la Mère des miséricordes, prenant en pitié les anxiétés et les douleurs de sa servante dévouée.

Elle essaya en vain de fléchir ses parents : les larmes mêmes de Mme de Xainctonge ne purent rien obtenir. Le rigide conseiller s'irritait et n'était pas loin de croire que sa fille conspirait contre la France, parce qu'elle voulait se consacrer à l'éducation des petites filles en dehors du royaume très chrétien. Anne patienta encore près de dix-huit mois, supportant les amertumes dont on l'abreuvait à la maison, et subissant en outre les reproches du dehors, où chacun persistait à la regarder comme une originale et une entêtée.

L'abjuration du nouveau roi, qui arriva sur ces entrefaites (1593), fournit un nouvel aliment aux discussions politiques. Les ligueurs n'y avaient vu qu'une feinte inspirée par l'ambition ; M. de Xainctonge soutint naturellement que c'était un acte de sincérité parfaite et de conviction profonde. Rentrant d'une séance du Parlement, alors très divisé, où cette question avait été traitée d'une manière peu en harmonie avec ses goûts, l'irascible conseiller se mit à invectiver contre les ennemis de Henri IV, aux applaudissements de tous les assistants. Anne gardant le silence, son père la mit en demeure de dire sur-le-champ ce qu'elle pensait du roi, du duc de Mayenne et des ligueurs. « Ce n'est pas à moi, répondit-elle sagement, qu'il appartient de juger le roi et ses ennemis, mais à Dieu. Tout ce que je puis dire, c'est que je ne condamne les intentions de personne.

» Et moi, je vous condamne ! s'écria M. de Xainctonge. Vous êtes avec les ennemis du roi. Je ne souffrirai personne dans ma famille qui ait d'autres sentiments que les miens. Allez débiter les vôtres chez les Espagnols, vous y serez bien à votre place. » Se voyant repoussée d'une manière aussi violente, Anne crut devoir exécuter le dessein qu'elle méditait depuis longtemps avec tant de prudence. Après une nuit passée dans l'accablement et l'angoisse, elle partit pour Dole en compagnie d'une servante qui lui était dévouée, et qui avait ordre de la suivre dans le cas où elle sortirait de la maison paternelle.

Anne de Xainctonge partit de grand matin et vint dans la journée jusqu'à Saint-Jean-de-Losne. Deux prodiges signalèrent ce voyage. Dans son anxiété, sa sœur Nicole, morte depuis un an, lui apparut pour l'encourager, l'assurant que le Calvaire sur lequel elle montait serait pour elle la porte du ciel. De plus, le voiturier qui s'était chargé de la conduire s'étant égaré dans une forêt, fut remis dans le bon chemin par un jeune homme vêtu de blanc, qui apparut subitement, disparut de même, et qu'elle crut toujours être son ange gardien.

Anne, ne connaissant personne à Dole, alla trouver le recteur des jésuites pour lui demander conseil et lui exposer le but de son voyage. Fort surpris de cette visite et du dessein de la visiteuse, il l'étonna encore davantage elle-même en lui annonçant que, dans la journée, quelques pieuses demoiselles de Dole, désireuses de se consacrer à l'instruction de la jeunesse et au salut des âmes, terminaient une neuvaine à Notre-Dame de Mont-Roland pour lui demander lumière et assistance, afin de trouver quelqu'un qui se mît à leur tête.

Cette coïncidence merveilleuse, en expliquant la vocation qui l'attirait à Dole, semblait indiquer la solution prochaine de toute difficulté; cependant cette solution se fit attendre pendant dix années encore. Il paraît qu'aucune des pieuses demoiselles n'était disposée à commencer l'œuvre. Anne de Xainctonge, réduite à ses propres forces, se borna dans le principe à prêcher d'exemple, demandant à aider gratuitement une maîtresse d'école, nommée Suzanne Renard. Cette femme, maussade et revêche, faisait trembler les trente pensionnaires qui lui étaient confiées, et exerça plus d'une fois la patience de son adjointe. Celle-ci ne tarda point à gagner le cœur des élèves par son affabilité et sa patience. Le temps qu'elle ne passait point en classe était destiné à la prière ou aux soins des malades et des pauvres, qu'elle visitait à domicile et dans les deux hôpitaux de Saint-Jacques et du Saint-Esprit. Ces débuts faisaient espérer d'heureux résultats, quand son père, irrité de voir qu'elle refusait de revenir à Dijon, lui suscita mille désagréments. Après avoir inutilement réclamé sa fille par les voies diplomatiques d'alors, et reçu du parlement de Dole une réponse fort honnête, mais sauvegardant tout à la fois la liberté de la fugitive et la dignité du pays qui lui donnait asile, M. de Xainctonge poussa la chose au point d'en faire une question internationale, donnant à entendre que, pour obtenir satisfaction, la France pourrait bien déclarer la guerre à la Franche-Comté et à l'Espagne. Ce bruit ridicule prit tant de consistance, que la pauvre institutrice fut bientôt regardée comme un péril pour la province. Les demoiselles pieuses qui avaient voulu d'abord se mettre sous sa direction l'abandonnèrent, à l'exception d'une seule. On la pressa charitablement de retourner dans son pays; on la regarda comme une hypocrite et un espion. N'osant encore la chasser de sa maison, le propriétaire trouva un moyen original de lui donner congé; il partit pour Crissey avec la clef dans sa poche, et quand Anne revint le soir au logis, les voisins lui dirent en raillant qu'elle pouvait aller coucher à Dijon. Touché de sa résignation et de son courage, le conseiller Boyvin lui offrit un logement dans sa maison. Elle refusa cette offre et se contenta d'une mauvaise chambre que la belle-fille de son propriétaire lui laissa par charité.

La future fondatrice des religieuses de Sainte-Ursule passa ainsi quatre années dans le délaissement et l'abandon, luttant contre la malveillance et le découragement, supportant des tentations de tout genre, et réduite à douter de la vérité de sa vocation, comme des promesses de succès que son ange gardien lui avait renouvelées au milieu de ses plus grandes angoisses. M. de Xainctonge, croyant que les jésuites soutenaient sa fille dans ce qu'il regardait comme une révolte, était venu à bout d'empêcher ces Pères de la confesser; il voulait, disait-il, la prendre par la famine et la réduire à l'obéissance. Les autres confesseurs la repoussèrent aussi, et elle demeura dans l'abandon le plus complet. Enfin, épuisée de jeûnes et d'austérités, minée par l'inquiétude et le chagrin, elle tomba gravement malade et l'on désespéra de sa vie. Cette heureuse maladie, comme elle la qualifiait elle-même, amena un revirement subit dans l'opinion publique. On lui rendit justice; on admira son humilité et sa constance; M. de Xainctonge, reconnaissant qu'il était allé trop loin, fit des excuses aux jésuites et se hâta de venir à Dole. La malade avait annoncé qu'elle serait guérie par le saint viatique. Dès qu'elle l'eut reçu, un mieux sensible se déclara, et quand M. de Xainctonge arriva le lendemain, la réconciliation fut parfaite et la joie sans mélange, car sa fille était en convalescence. Elle avait recouvré du même coup sa santé compromise et l'amitié de son père, qui désira la revoir à Dijon.

Elle retourna dans cette ville et y fut reçue avec les égards les plus marqués pour sa vertu et ses mérites. Sa famille essaya de la retenir sous divers prétextes. M. de Xainctonge voulant, disait-il, assurer mieux la fondation, exigea que sa fille mît par écrit ses vues sur l'institut qu'elle voulait établir, et les fit examiner par des ecclésiastiques éminents de Dijon, dans un grand conseil tenu à cet effet. Les examinateurs trouvaient étrange ce dessein d'instruire les jeunes filles, de mener une vie dissipée en apparence, de ne point garder la clôture comme le faisaient presque toutes les religieuses d'alors, et de vouloir se fixer à Dole plutôt qu'à Dijon. Anne répondit à toutes les objections avec une fermeté et une précision qui ne furent pas loin de les convaincre. Quatre jésuites, devenus les amis de son père, n'eurent pas plus de succès et furent même obligés d'avouer à l'opiniâtre conseiller que l'esprit de Dieu dirigeait visiblement sa fille. Après plusieurs assauts livrés à son amour filial, ses parents consentirent enfin à la laisser retourner à Dole, où elle se rendit sur-le-champ.

Après une foule de difficultés administratives et une opposition très vive du Parlement, Anne de Xainctonge finit par vaincre tous les obstacles, à force de douceur et de prudence, et, le 16 juin 1606, jour de la fête des SS. Ferréol et Ferjeux, apôtres de la Franche-Comté, le nouvel institut commença. Mlle de Xainctonge et ses six premières compagnes se lièrent par les vœux de pauvreté, de chasteté, d'obéissance et de stabilité. Le suffragant de Besançon, Mgr Doroz [1], se trouvant à Dole, où il résidait souvent, avait approuvé l'ordre naissant, qui prit, à peu de chose près, les constitutions des ursulines de sainte Angèle de Mérici et de saint Charles Borromée, sous le patronage de sainte Ursule et des onze mille vierges.

Le but que se proposent Anne de Xainctonge et ses filles se trouve nettement exposé dans les enquêtes prescrites par l'autorité diocésaine et dans la déclaration qu'elles font elles-mêmes aux magistrats. En prétendant assurer leur propre salut, elles veulent « procurer la perfection de celles de leur sexe, les excitant en la » sainte crainte de Dieu et bonnes mœurs ; de plus, enseignant les » petites filles à lire, écrire et besogner en plusieurs et divers » ouvrages, sans en prétendre aucun salaire en terre, attendant » la récompense de leur labeur et pieuses actions de l'immense » et infinie libéralité de Jésus-Christ. » Il nous semble que ce programme si modeste d'instruction gratuite et chrétienne n'a pas encore été dépassé, même dans notre siècle de progrès.

Cependant on était alors si bien persuadé de la nécessité de la clôture pour les ordres religieux de femmes, que la règle nouvelle inaugurait une véritable révolution, en laissant à celles qui s'y soumettaient la liberté d'agir au dehors.

Quelques couvents cloîtrés recevaient de rares pensionnaires. La Visitation, qui commençait, n'en prit que bien plus tard. Dans le diocèse de Besançon, les jeunes filles n'allaient en classe chez les maîtres d'école paroissiaux que jusqu'à l'âge de neuf ans; il y avait quelques maîtresses d'école dans les villes et les bourgs, et les bonnes familles faisaient instruire leurs filles à la maison, ou

---

[1] L'évêque de Lausanne avait été professeur à l'Université de Dole.

leur donnaient elles-mêmes l'éducation domestique. Anne de Xainctonge et son institut répondaient donc à un besoin réel de l'époque, et, pour l'amour de Jésus-Christ, elle proclamait, 270 ans avant nos plus fougueux amis du peuple, l'instruction gratuite, objet de leurs prodigalités plus encore que de leurs rêves.

C'étaient les religieuses de Sainte-Ursule elles-mêmes qui fournissaient leurs dots, payaient leurs frais d'entretien. Les budgets des communes, aujourd'hui si chargés par les dépenses de l'instruction primaire, se trouvaient allégés d'autant, et les religieuses ne demandaient aux autorités que la permission de s'établir et de faire le bien.

La nouvelle congrégation fut bientôt appréciée. La simplicité de son costume, qui était celui des veuves ou des personnes pieuses de ce temps, lui concilia les sympathies de la multitude; ses vertus et ses services lui gagnèrent sans peine l'estime des magistrats et des bourgeois. La réputation de la Mère de Xainctonge attira les filles des meilleures maisons comtoises; elles voulurent faire leur noviciat à Dole. Sa jeune sœur Françoise y vint elle-même, et dédommagea M. de Xainctonge en fondant les ursulines de Dijon (1611). En quelques années, les villes de Vesoul, Besançon, Saint-Hippolyte, Arbois, Porrentruy, Gray, Fribourg, eurent leurs classes tenues par les nouvelles religieuses (1). La guerre de dix ans et les calamités qui ruinèrent notre pays à cette époque ralentirent l'essor. Ornans, Clerval et Pontarlier ne furent pourvus que bien plus tard; mais dans l'intervalle la compagnie se répandit dans les cantons catholiques de la Suisse, où elle fonda plusieurs maisons.

Le succès des Ursules comme institutrices égalait leur succès comme religieuses, et leur réussite n'était pas moins justifiée par l'excellence de leur méthode scolaire que par leurs vertus personnelles. La Mère de Xainctonge, arrivée par une longue pratique à une expérience consommée, dressa des règlements que nous avons sous les yeux, et qui nous paraissent un chef-d'œuvre de précision, un modèle accompli de pédagogie chrétienne. La brièveté de cette notice ne nous permet qu'une analyse incomplète; mais nous connaissons de hauts fonctionnaires de l'Université qui les admirent et trouvent qu'aujourd'hui encore ils ne sont point dépassés.

(1) La ville de Nîmes en demanda, mais n'en put obtenir.

L'école des Ursules, qui s'étend de la salle d'asile jusqu'au cours d'adultes inclusivement, est partagée en six classes fort bien graduées, et dont les élèves ne doivent franchir les degrés qu'après des examens sérieux et répétés, sur l'autorisation de la préfectrice des études. Dans la sixième classe, on apprend à connaître ses lettres, à faire le signe de la croix et à réciter le *Pater*. Dans la seconde et la première, on va jusqu'à s'initier aux secrets du calendrier, aux exercices de style et aux considérations philosophiques et littéraires sur la valeur des termes employés. Celles qui le désirent apprennent même les rubriques du bréviaire. L'arithmétique, l'orthographe, la lecture des manuscrits, le travail manuel, trouvent leur place dans le règlement. La « bonne prononciation » des mots, les bienséances et civilités humaines, » y sont très fort recommandées, et le seul reproche que pourraient faire au programme les libéraux du XIXe siècle serait la place d'honneur laissée aux exercices de piété et à l'instruction religieuse, préoccupation constante de la fondatrice et, disons-le aussi, des populations d'alors. On peut encore juger aujourd'hui du degré d'instruction auquel les maîtresses et les élèves pouvaient arriver, par les lettres qui nous restent de cette époque. Leur belle écriture haute et droite, leur style ferme et correct, indiquent des esprits très cultivés et ne font point mauvaise figure à côté des produits littéraires du temps. Grâce à cette méthode pratique, qui ne laissait nulle place au caprice et à la fantaisie, traçant le devoir des maîtresses aussi bien que celui des élèves, l'éducation se faisait avec une régularité surprenante et une solidité parfaite. Quand une jeune fille avait passé par les six classes des Ursules, il se pouvait qu'elle ne fût pas une grande savante, mais à coup sûr elle était bonne chrétienne, connaissait « les bienséances et politesses mondaines, » les devoirs de sa condition ; elle pouvait en un mot faire son entrée dans la vie et en subir honorablement les épreuves, ce que de tout temps les familles honnêtes ont préféré aux plus beaux diplômes et certificats d'études.

Anne de Xainctonge était elle-même fort instruite ; elle savait le latin et ne s'en vantait pas. Un jour qu'on dictait en cette langue un procès-verbal peu favorable à son institut, elle protesta, à la grande surprise des enquêteurs, et fit changer la rédaction séance tenante. Son plus vif désir était d'ailleurs de faire profiter le plus grand nombre d'âmes possible du bienfait de l'instruction. L'article 15 des exercices journaliers imposés à ses filles est ainsi conçu :

« Les dimanches et fêtes, on s'emploiera à enseigner les servantes
» et autres qui n'ont pas le temps d'aller tous les jours en classe. »
C'était un véritable cours d'adultes pour les filles pauvres ; il était
public, et on y admettait les servantes et les jeunes personnes
des villages voisins. Les fêtes jointes aux dimanches représentaient
alors soixante-dix jours, ou soixante-dix classes par an que les
Ursules faisaient en dehors de leur classe ordinaire, « sans intérêt
et pour la gloire de Dieu. » Nous doutons que le xixe siècle fasse
mieux et à meilleur marché.

Anne de Xainctonge employa les quinze dernières années de sa
vie à consolider son œuvre. Elle voulait que ses filles fussent des
modèles d'abnégation, d'humilité et de prudence. Prêchant elle-
même d'exemple, elle refusa les honneurs de la supériorité, pour
les faire décerner à Claudine de Boisset, sa première compagne,
et se contenta d'être préfectrice des études et maîtresse des novices dans la maison de Dole. La vénération publique la suivit dans
les villes de Vesoul et de Besançon, où elle séjourna quelque
temps. Sa renommée franchit les limites de la province, et saint
François de Sales, qui la tenait en haute estime, lui demanda d'é-
tablir la compagnie de Sainte-Ursule en Savoie. Guillaume de Bal-
denstein, prince-évêque de Bâle, lui demanda des religieuses pour
l'aider à soutenir la foi dans son diocèse, toujours menacé par les
hérétiques. La bonne Mère ne souscrivait à ces désirs qu'avec la
plus grande prudence, disant bien haut qu'elle préférait la qualité
des maisons de son ordre à la quantité. Elle témoigna même parfois des répugnances qu'on s'expliqua plus tard par les lumières
prophétiques dont elle était favorisée.

Uniquement dévouée à sa mission charitable, Anne de Xainctonge s'efforçait d'inspirer à ses religieuses l'amour de la vie com-
mune et la pratique des vertus qui conviennent le mieux aux ins-
tutrices chrétiennes. Elle voulait que ses filles fussent dans les
classes d'une patience à toute épreuve, ne montrant jamais « signe
» de cholère en présence des élèves, n'en mesprisant aucune, encore
» que pauvre. » D'un caractère vif et ardent, elle avait elle-même
si bien réussi à modérer les élans de sa vivacité, qu'on ne la vit
jamais dépasser les limites qu'elle s'était imposées. Contente des
vêtements les plus vieux et les plus usés, jeûnant souvent ou ne
mangeant que les mets les plus grossiers, elle poussait l'attention
et la charité pour les autres jusqu'à une magnifique imprévoyance
du présent et de l'avenir. Mais, lui disait-on, vous donnez jusqu'au

nécessaire de votre communauté. « Notre Seigneur a bien donné son nécessaire quand il versait son sang pour nous, répliquait-elle. Faut-il donc nous borner à donner le superflu aux malades et aux pauvres ? »

Sévère pour elle-même, Anne était d'une indulgence rare et d'une condescendance maternelle pour le prochain. Une novice venait avec peine lui avouer une faute. « Il faut croire, ma fille, » lui dit-elle, que vous avez un bon ange bien complaisant, puis- » qu'il est venu me prévenir, » et la bonne maîtresse lui épargna la honte de confesser sa faute en la lui disant elle-même.

Parvenue aux sommets de la vie contemplative, passant la moitié des nuits au pied des tabernacles, où elle recevait des communications sublimes, la pieuse fondatrice quittait tout dès que l'obéissance l'exigeait. Pendant douze années elle fut soumise à la supérieure et n'expédia jamais ses lettres sans les lui montrer, comme l'eût fait la dernière des novices. Ce fut seulement par obéissance qu'on put lui faire accepter dans « la Compagnie » la place qui lui revenait de droit.

Les vingt et un derniers mois de sa vie se passèrent dans les souffrances les plus cruelles et ne furent qu'un long martyre, dans lequel son humilité et sa patience édifièrent tous ceux qui en furent témoins. L'ancien confesseur du roi de France, le Père Cotton, passant à Dole, voulut la voir et déclara que ce prodige de sainteté était ce qu'il avait vu de plus remarquable dans son voyage. L'illustre et austère président Boyvin venait la consulter, et il faisait tant de cas de ses lumières qu'il disait en citant ses avis : « Ainsi pense la Sainte. »

Effrayée de ces marques de vénération et de respect, Anne de Xainctonge voulut, par un sentiment d'humilité que les amis de Dieu trouvent naturel, mais que la postérité juge regrettable, faire disparaître non-seulement les manuscrits où elle avait consigné les grâces et faveurs dont Dieu l'avait comblée, mais aussi les traités ascétiques qu'elle avait composés pour la direction des novices et l'instruction de ses filles. Quelque temps avant de mourir, elle ordonna de les brûler. Claudine de Boisset obéit si fidèlement, qu'un petit billet, soulevé par la dilatation de la chaleur dans la cheminée, échappa seul à cette destruction.

Voilà pourquoi il est si difficile de retrouver aujourd'hui les opuscules et œuvres spirituelles d'Anne de Xainctonge, tels que ses Méditations sur la Passion, sur les huit Béatitudes, le Symbole, l'union avec Dieu, sa Méthode pour diriger les novices, instruire la jeunesse, etc. Les traditions de l'institut ont conservé le sens de ces écrits respectables; mais le texte primitif en est perdu sans retour.

Au moment où les médecins la déclaraient hors de danger, la vénérable malade, sentant que l'heure de retourner à Dieu était venue, se fit porter à la chapelle pour y recevoir une dernière fois la sainte communion. Rentrée à l'infirmerie : Jésus, Marie, dit-elle, qu'il ne vous en coûterait guère de m'appeler maintenant en paradis ! C'était le dimanche matin, jour de la fête de saint Claude. Aussitôt après, elle fut frappée d'une apoplexie qui la priva de ses sens pendant deux jours; elle mourut le mardi 8 juin 1621, à l'âge de 53 ans six mois et dix-sept jours.

Son corps amaigri et livide prit un air de santé, et son visage une teinte vive et fraîche, qui ont frappé les contemporains. La ville de Dole, qui perdait une de ses gloires, la pleura, lui fit de magnifiques funérailles, et voulait l'honorer comme une sainte. Chacun désirait avoir quelque objet lui ayant appartenu : on se disputait les morceaux de ses vêtements pour les garder comme des reliques. On voulut aussi avoir son effigie, et son buste se trouvait à Dijon et à Besançon.

Le cercueil fut déposé dans la chapelle de Sainte-Ursule et devint le but d'un pèlerinage où l'on obtint bientôt des faveurs signalées. Le décret d'Urbain VIII, qui parut à cette époque, interdisant toute espèce de culte avant la décision de l'Eglise, modéra les transports des pèlerins, mais n'ôta rien à leur confiance. Pour montrer que cette confiance était justifiée, il suffit d'indiquer quelques-uns des faits attestés par les procès-verbaux des enquêtes diocésaines. La guérison d'un jeune homme agonisant, qui recouvra subitement la santé par l'application du rosaire de la défunte, ouvre la série de ces faveurs. Celle d'une demoiselle de Dole, de Mme de Bréville d'Arbois, d'Ursule Mougin, à Saint-Hippolyte, et de Catherine de Saint-Mauris, guérie sur le tombeau même de la pieuse fondatrice, continuent la tradition jusqu'en 1670. Les prédictions faites à la famille Tinseau, les rayons lumineux qui entourèrent parfois la tête d'Anne de Xainctonge, la vue habituelle de son ange gardien, la connaissance qu'elle avait du secret des cœurs, sont autant de faits qui, humainement parlant, réunissent toutes les preuves extérieures de certitude, mais sur la valeur desquels il appartient à l'Eglise de prononcer.

Les choses étant telles, le lecteur demandera sans doute pourquoi la cause d'un personnage si recommandable n'a pas été introduite, et comment il se fait qu'Anne de Xainctonge, après avoir tenu une si belle place dans l'estime et la vénération de ses contemporains, soit pour ainsi dire tombée dans l'oubli.

Disons pour l'honneur de notre pays que les premières démarches ont été faites, et, si elles n'ont pas abouti, il faut en rejeter la cause sur les événements plus que sur les hommes.

Le décret d'Urbain VIII, ordonnant de n'introduire une cause en béatification que cinquante ans après la mort du sujet, fut mal compris dans le principe. Anne de Xainctonge en a été victime, aussi bien que sa concitoyenne Jeanne-Françoise de Chantal, morte dix-neuf ans après elle. Au lieu de recueillir immédiatement les éléments de la procédure, sauf à les laisser dormir le temps voulu par la constitution apostolique, on était, ce semble, disposé à laisser passer un demi-siècle avant de commencer les informations de l'ordinaire diocésain. Le triste état dans lequel se trouva la Franche-Comté de 1630 à 1650 ne permit d'ailleurs pas d'entreprendre cette grande affaire ; la guerre de dix ans, la famine, la peste et la dépopulation qui suivit avaient désorganisé presque tous nos services publics. Le tombeau d'Anne de Xainctonge porta même le poids de ces calamités. Pendant le mémorable siége de Dole par le prince de Condé (1636), une bombe française, pénétrant dans le caveau funéraire des Ursules, brisa les cercueils, mêla les restes mortels qui s'y trouvaient déposés, et le corps de la pieuse fondatrice fut ainsi soustrait aux respects de la multitude. Les dégâts occasionnés par ce projectile offrent une image assez fidèle de ceux qu'avait faits la guerre dans notre infortunée province (1).

Malgré cette épreuve, les faveurs obtenues par l'intercession de la défunte continuaient toujours et attiraient l'attention des fidèles. La religieuse guérie miraculeusement sur le tombeau de son ancienne supérieure, dont elle avait été secrétaire, Catherine de Saint-Mauris, recueillait avec un soin pieux tous les traits pouvant servir à glorifier sa bienfaitrice. « Elle se plaignait souvent » avec émotion de la négligence de ceux qui, connaissant la sainte

---

(1) C'est seulement par la tradition des Ursules que ce fait nous est connu. Durant le siége, leur maison était devenue le point de mire des Français, parce qu'elle était occupée par un dépôt de poudre.

» vie d'Anne, différaient de la faire connaître. » Ses plaintes finirent par être entendues, et, durant la vacance du siége métropolitain, un habile théologien, Jean-Baptiste Vernerey, de Servin, doyen de Varasc, et Jean Henriot, chanoine de Saint-Hippolyte, furent délégués pour examiner ses mémoires et recevoir son serment. Le 5 décembre 1654, elle confirma devant eux, et par serment solennel, la vérité de tout ce qu'elle avait écrit touchant sa propre guérison et la vie d'Anne de Xainctonge. Les faits merveilleux se produisant toujours, l'enquête fut continuée deux ou trois ans après la mort de sœur de Saint-Mauris, arrivée en 1668. Claude Demesmay, vicaire général, ayant reconnu et scellé la déposition faite à Saint-Hippolyte, Antoine-Pierre de Grammont l'approuva et en permit la publication le 26 février 1672, juste cinquante ans après la mort d'Anne de Xainctonge. Diverses personnes qui avaient connu la fondatrice furent entendues, et déposèrent, en présence de quatre notaires royaux, sur ses vertus, les grâces qu'elle avait reçues de Dieu, les prédictions qu'elle avait faites, et les faveurs obtenues par son intercession. Déjà le P. Binet, jésuite, ancien confesseur de la vénérable Mère, avait attesté avec serment devant le conseil archiépiscopal les grâces merveilleuses reçues par sa pénitente dans l'Eucharistie, et l'enquête se poursuivait jusqu'à Delémont, où une guérison surprenante avait lieu en 1666. L'archevêque Pierre-Antoine de Grammont était d'autant mieux disposé pour cette cause, que son grand-père maternel avait fondé de ses deniers la chapelle des Ursules de Dole (1608). Luimême affectionnait la compagnie à raison des services qu'elle rendait à l'éducation dans son diocèse ; tout semblait devoir réussir, les démarches faites avaient tous les caractères juridiques de la vérité et réunissaient les éléments d'une enquête canonique destinée à introduire la cause, quand la conquête française arriva et vint porter les préoccupations ailleurs. Ce changement de domination, et les disputes du jansénisme, qui s'attachait beaucoup plus à dénicher les saints qu'à béatifier les élus, nous semblent avoir entravé la marche régulière des choses. Toujours est-il que, quelques années plus tard, les pièces de la procédure paraissent avoir été portées en Suisse : on les trouve à Lucerne entre les mains du P. Conrad Pfeil, jésuite allemand, qui essaie d'écrire pour les religieuses de Sainte-Ursule une *grande vie* de leur fondatrice, puis va mourir au Brésil, en qualité de missionnaire. Son œuvre est abrégée par le P. Mourath, qui écrit à vue des documents originaux et dont l'histoire, imprimée à Zug (1), nous fournit les détails renfermés dans cette notice.

Que sont devenus ces procès-verbaux, ces actes de l'autorité diocésaine ? Sont-ils restés en Suisse ? Sont-ils revenus à Besançon, pour y périr en 1794, avec les titres de l'ancien archevêché ? Après avoir fait fouiller les bibliothèques et principales collections de la Suisse, nous avouons n'y avoir rien trouvé, pas plus qu'à Paris, Dijon, Besançon.

Malgré cet échec apparent, les filles d'Anne de Xainctonge, qui s'occupent beaucoup de cette œuvre, ne se découragent point. Poursuivant leurs investigations avec une patience filiale et une énergie dignes d'être couronnées par le succès, elles espèrent encore pouvoir retrouver, soit les pièces authentiques, soit les copies certifiées qui feraient la base de la procédure. Les mémoires de Catherine de Saint-Mauris seraient pour elles la plus précieuse des découvertes. Peut-être ces mémoires dorment-ils au fond de quelque armoire poudreuse, dans des papiers laissés par une ancienne Ursule, qui les aura sauvés pendant la révolution ; peut-être sont-ils entre les mains de quelque amateur très disposé à les communiquer pour l'avancement d'une cause qui intéresse l'Eglise, la Bourgogne et la Franche-Comté.

Quoi qu'il en soit, nous faisons appel à tous les amis de la religion, de la science et de la patrie, pour nous aider à retrouver les glorieux témoignages qui serviraient à mettre en relief cette noble et belle figure dont nos deux provinces peuvent être fières. Anne de Xainctonge fut vraiment l'amie de notre peuple et la fondatrice de l'instruction gratuite dans notre province. A ce titre seul, elle mériterait le respect des plus indifférents.

Du reste, les temps sont favorables, et nous croyons que celui-là serait vraiment de son siècle, qui aiderait la sainte Eglise à reconnaître l'héroïcité des vertus de cette institutrice qui se réservait le soin des élèves « les plus indignes et les plus rebutantes. »

La plus belle réponse que le pape pourrait faire aux modernes apôtres de l'instruction et du savoir ne serait-elle pas de placer sur les autels, à la face du XIXe siècle, si fier de ses programmes, de ses méthodes et de son enseignement, la noble demoiselle à qui son père reprochait « d'aller ramasser les petites filles pauvres

---

(1) Cette histoire vient d'être traduite par les soins des Mères Ursules de Dole.

» à travers les carrefours, pour les instruire et s'en faire la domes-
» tique ? »

Peut-être aussi, en voyant glorifier l'humble maîtresse d'école qui fit tous les sacrifices et surmonta tous les obstacles pour être fidèle à sa vocation d'enseigner les petites filles pauvres, « sans en prétendre aucun salaire en terre, » notre siècle comprendra-t-il que la science du dévouement ne se trouve ni dans le budget ni dans l'appui de l'Etat, mais bien dans l'amour du prochain inspiré par l'amour de Dieu et la charité de Jésus-Christ !

www.ingramcontent.com/pod-product-compliance
Lightning Source LLC
Chambersburg PA
CBHW060902050426
42453CB00010B/1531